SUPER CONNARD

présenté par

OMAR & FRED

dessin et adaptation

AL' COVIAL

couleur

SOPHIE DUMAS

DELCOURT

Du même dessinateur, chez le même éditeur :
• *À vous cognacq-Jay* (un volume) - collectif
• *Alef Thau* (tome 8) - scénario de Jodorowsky

Dépôt légal : décembre 2010. I.S.B.N. : 978-2-7560-2520-9
Première édition

Conception graphique : Trait pour Trait

Imprimé et relié en novembre 2010
sur les presses de l'imprimerie Lesaffre, à Tournai, Belgique

www.editions-delcourt.fr

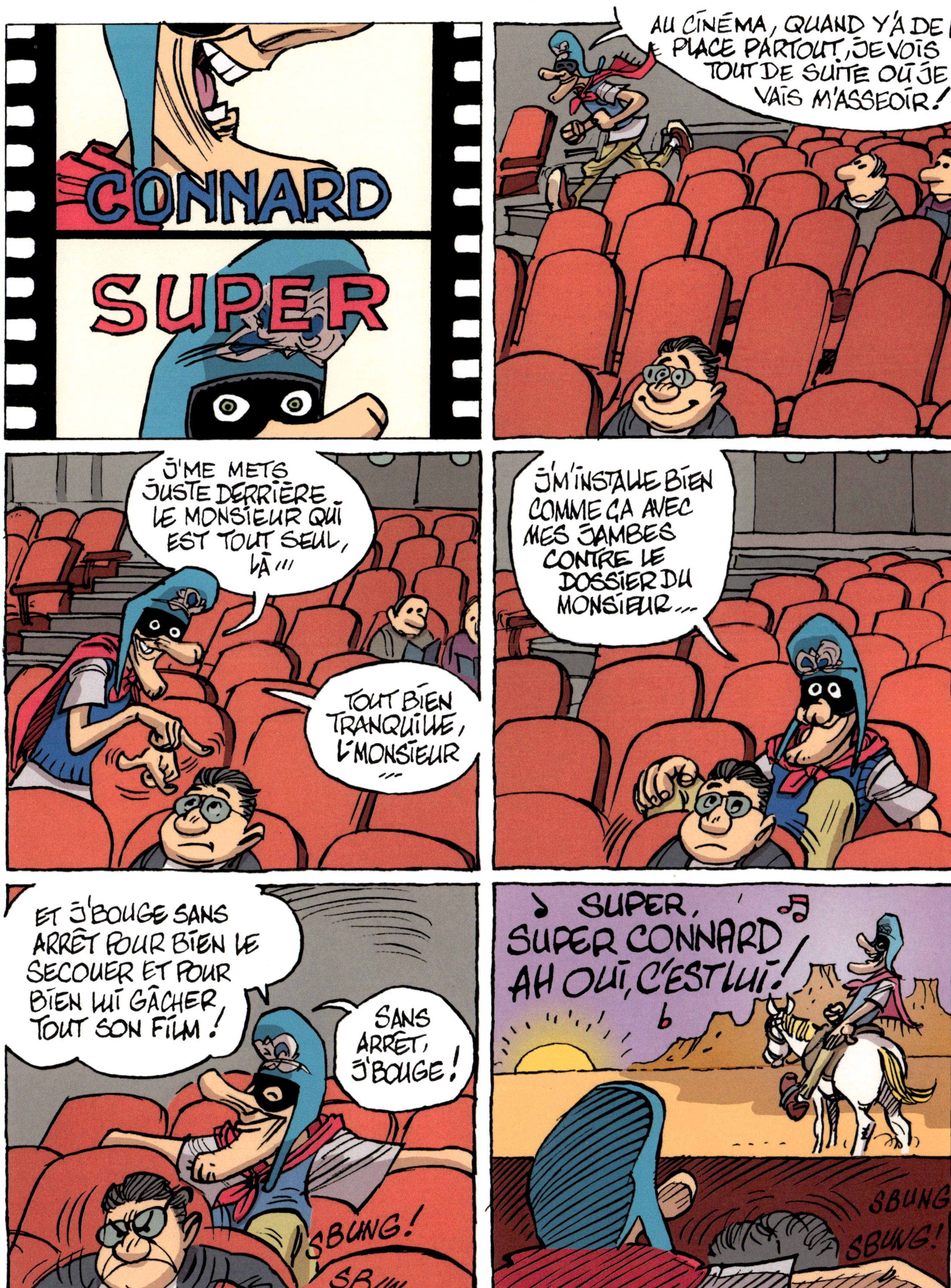
CONNARD
SUPER
AU CINÉMA, QUAND Y'A DE LA PLACE PARTOUT, JE VOIS TOUT DE SUITE OÙ JE VAIS M'ASSEOIR !
J'ME METS JUSTE DERRIÈRE LE MONSIEUR QUI EST TOUT SEUL, LÀ...
TOUT BIEN TRANQUILLE, L'MONSIEUR...
J'M'INSTALLE BIEN COMME ÇA AVEC MES JAMBES CONTRE LE DOSSIER DU MONSIEUR...
ET J'BOUGE SANS ARRÊT POUR BIEN LE SECOUER ET POUR BIEN LUI GÂCHER TOUT SON FILM !
SANS ARRÊT, J'BOUGE !
SBUNG !
SBUNG !
SUPER, SUPER CONNARD ! AH OUI, C'EST LUI !
SBUNG !
SBUNG !

SUPER CONNARD
À LA BOULANGERIE, J'AIME BIEN QUAND C'EST MON TOUR ET QU'Y RESTE PLUS QUE QUATRE BAGUETTES !...
JE PRENDS TOUJOURS LES QUAT'BAGUETTES !!
LES GENS DERRIÈRE MOI, Y FONT TROP LA GUEULE !
ET COMME C'EST ENCORE MON TOUR ...
JE PRENDS UNE TARTELETTE, PASQUE C'EST TROP BON LES TARTELETTES !
SUPER, SUPER CONNAR
AH OUI C'EST MOI !

SUPER CONNARD
MOI, J'AIME TROP DONNER UN COUP DE MAIN À CEUX QUI FONT DES CRÉNEAUX !...
?
D'ABORD J'ME PLANTE SUR LE TROTTOIR POUR BIEN LES REGARDER EN TRAIN DE GALÉRER !!!
APRÈS, CH'FAIS PLEIN DE GESTES INCOMPRÉHENSIBLES : ÇA FOUT BIEN LE STRESS, ÇA !
CH'PRENDS DES AIRS CATASTROPHÉS EN FAISANT "STOP" AVEC LA MAIN !
AHUUE !
ET PLUS ILS PANIQUENT, PLUS J'EN RAJOUTE !
ÇA MARCHE À TOUS LES COUPS, LES GENS Y ME DÉTESTENT !!
YES !
CRACK !
KRAK !
SUPER, SUPER CONNARD, AH OUI C'EST MOI !

SUPER CONNARD!
QUAND JE QUITTE MES AMIS À DEUX HEURES DU MATIN, JE PARLE FORT SUR LE PALIER
JE LES REMERCIE POUR CETTE EXCELLENTE SOIRÉE ET JE LEUR DIS : "C'ÉTAIT SUPER!"
TOUT EN DESCENDANT L'ESCALIER JE CRIE BIEN FORT : "À BIENTÔT ET ENCORE MERCI!!"
ET AU REZ-DE-CHAUSSÉE JE LEUR GUEULE : "DORMEZ BIEN!!"
ÇA RÉSONNE DANS TOUT L'IMMEUBLE !
ET LÀ, TOUT LE MONDE EST RÉVEILLÉ !!
SUPER SUPER CONNARD! AH OUI C'EST MOOOiiii!

SUPER CONNARD
À L'AÉROPORT, POUR ÊTRE LE PREMIER À RÉCUPÉRER MES BAGAGES, MOI J'AI UNE TECHNIQUE PERSO...
BA
CH'PRENDS DEUX CHARIOTS POUR SÉCURISER MA ZONE...
ET J'LES PLACE COMME ÇA, EN ME COLLANT BIEN CONTRE LE TAPIS.
LES GENS Y PEUVENT PAS S'APPROCHER POUR ATTRAPER LEURS BAGAGES.
ALORS Y DOIVENT ATTENDRE LE PROCHAIN PASSAGE.
UN TOUR DE MANÈGE GRATUIT GRÂCE À MOI !!
VOTRE ATTENTION, S'IL VOUS PLAÎT : SUPER, SUPER CONNARD, AH OUI, C'EST MOI !

SUPER CONNARD !!
DANS LES DISCUSSIONS, MOI J'AIME BIEN RÉPÉTER À TOUT BOUT DE CHAMP : "BAH, NON ! N'IMPORTE QUOI !"
BAH, NON ! N'IMPORTE QUOI !!
ÇA JETTE UN FROID, ET LES GENS Y SAVENT PLUS QUOI DIRE.
EN PLUS, CH'PASSE POUR QUELQU'UN QUI EN SAIT PLUS QUE LES AUTRES.
BAH, NON ! N'IMPORTE QUOI !...
Rapport
SUPER CONNARD, SUPER CONNARD !
AH OUI, C'EST MOI !

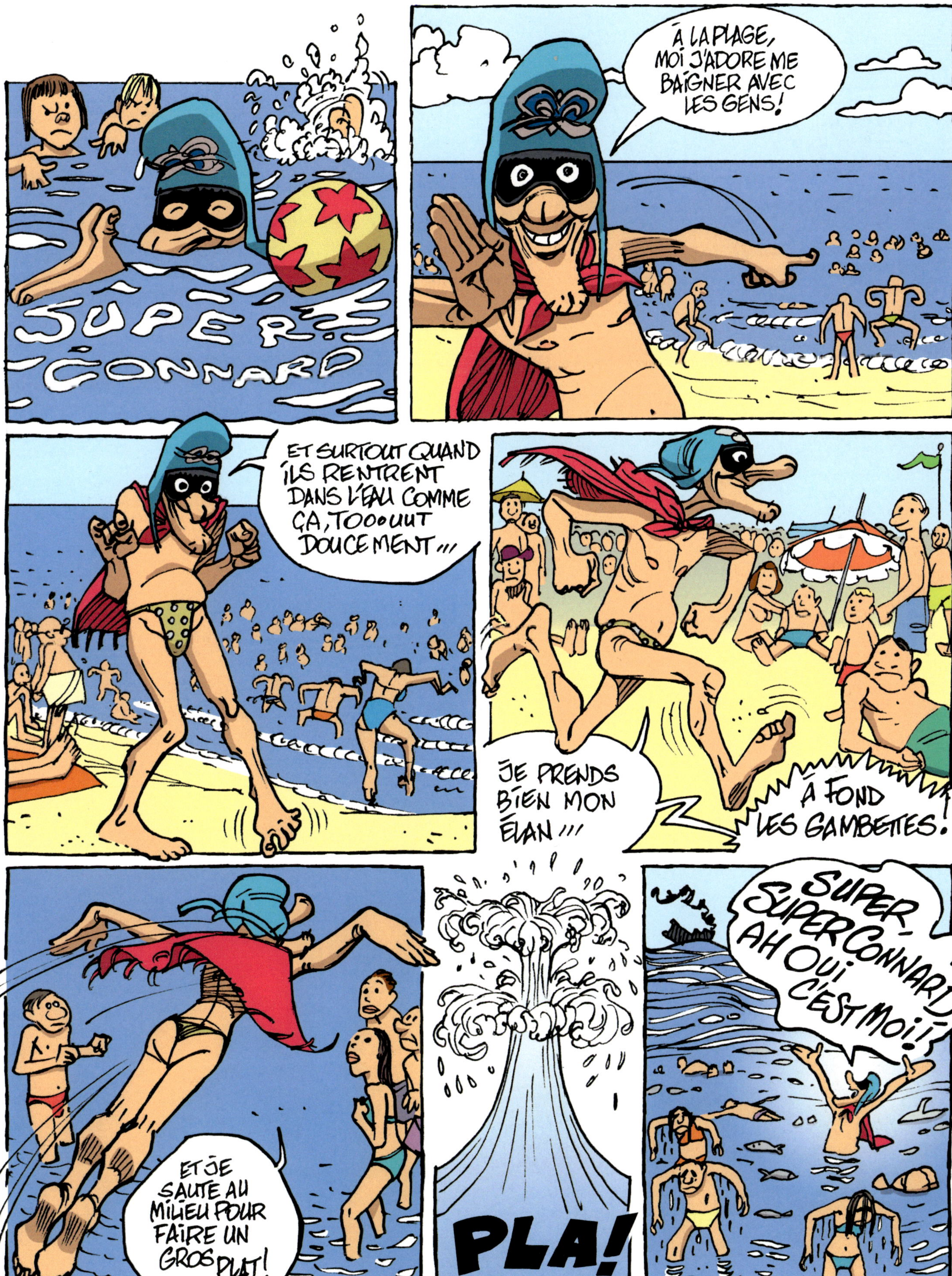
SUPER CONNARD
À LA PLAGE, MOI J'ADORE ME BAIGNER AVEC LES GENS !
ET SURTOUT QUAND ILS RENTRENT DANS L'EAU COMME ÇA, TOOOOUUT DOUCEMENT...
JE PRENDS BIEN MON ÉLAN...
À FOND LES GAMBETTES !
ET JE SAUTE AU MILIEU POUR FAIRE UN GROS PLAT !
PLA !
SUPER- SUPER CONNARD AH OUI C'EST MOI !!

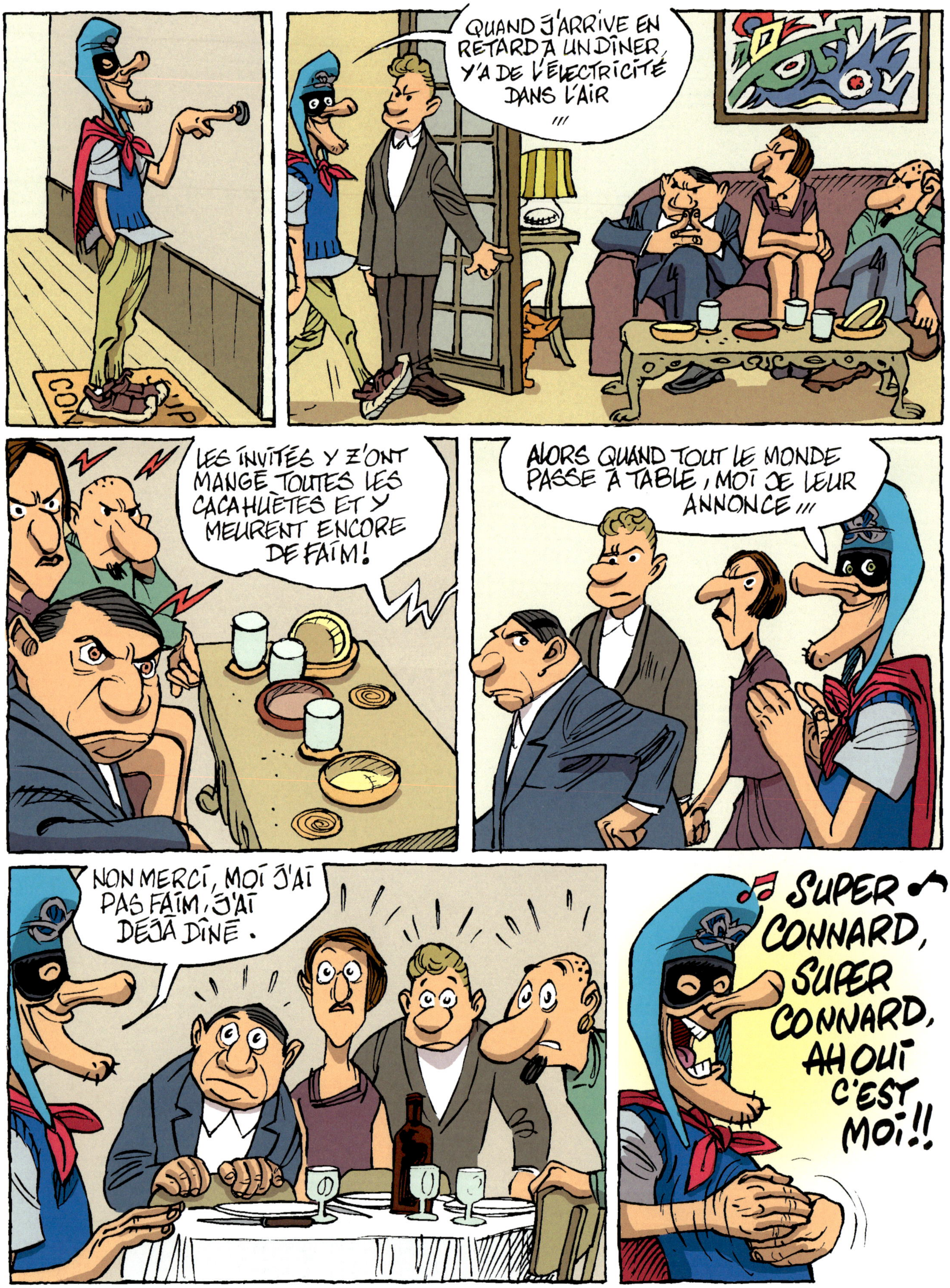
QUAND J'ARRIVE EN RETARD À UN DÎNER, Y'A DE L'ÉLECTRICITÉ DANS L'AIR ...
LES INVITÉS Y Z'ONT MANGÉ TOUTES LES CACAHUÈTES ET Y MEURENT ENCORE DE FAIM!
ALORS QUAND TOUT LE MONDE PASSE À TABLE, MOI JE LEUR ANNONCE ...
NON MERCI, MOI J'AI PAS FAIM, J'AI DÉJÀ DÎNÉ.
SUPER CONNARD, SUPER CONNARD, AH OUI C'EST MOI!!

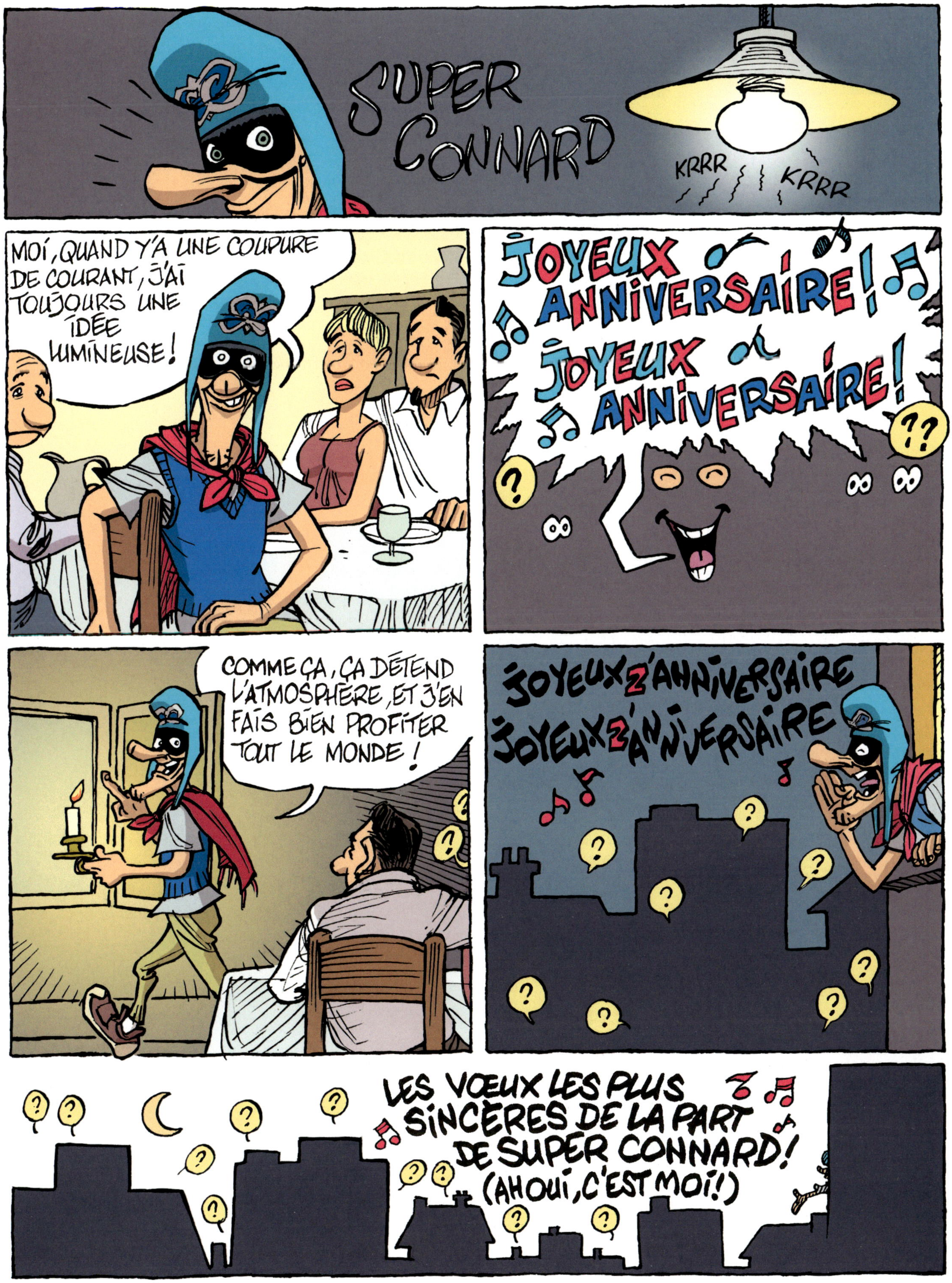
SUPER CONNARD
KRRR KRRR
MOI, QUAND Y'A UNE COUPURE DE COURANT, J'AI TOUJOURS UNE IDÉE LUMINEUSE !
JOYEUX ANNIVERSAIRE ! JOYEUX ANNIVERSAIRE !
??
COMME ÇA, ÇA DÉTEND L'ATMOSPHÈRE, ET J'EN FAIS BIEN PROFITER TOUT LE MONDE !
JOYEUX Z'ANNIVERSAIRE JOYEUX Z'ANNIVERSAIRE
LES VOEUX LES PLUS SINCÈRES DE LA PART DE SUPER CONNARD !
(AH OUI, C'EST MOI !)

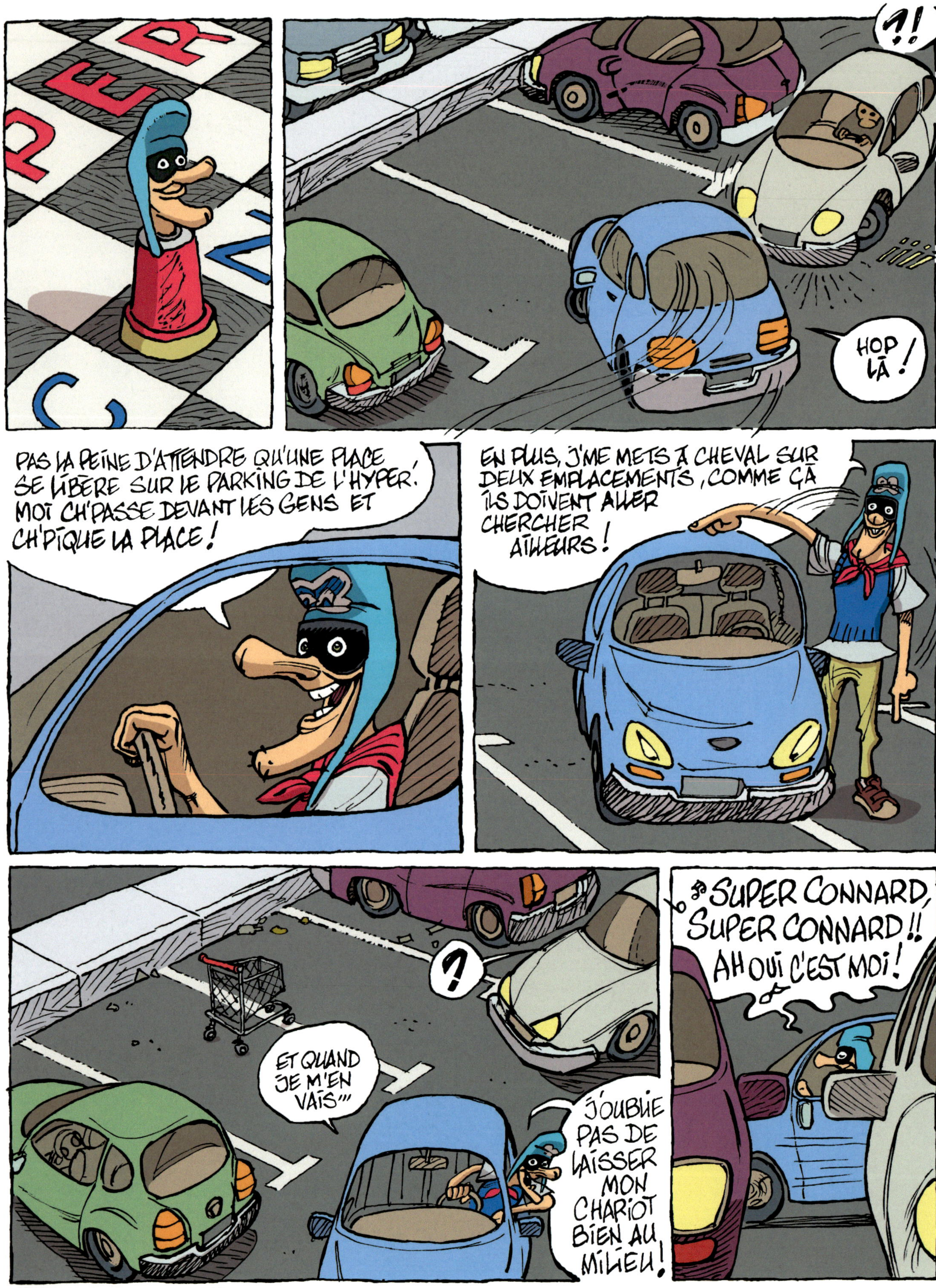
?!
HOP LÀ !
PAS LA PEINE D'ATTENDRE QU'UNE PLACE SE LIBÈRE SUR LE PARKING DE L'HYPER ! MOI CH'PASSE DEVANT LES GENS ET CH'PIQUE LA PLACE !
EN PLUS, J'ME METS À CHEVAL SUR DEUX EMPLACEMENTS, COMME ÇA ILS DOIVENT ALLER CHERCHER AILLEURS !
?
ET QUAND JE M'EN VAIS...
J'OUBLIE PAS DE LAISSER MON CHARIOT BIEN AU MILIEU !
SUPER CONNARD, SUPER CONNARD !! AH OUI C'EST MOI !

SUPER CONNARD
MOI, QUAND J'REGARDE UN MATCH DE FOOT, J'VEUX QUE TOUT LE MONDE IL EN PROFITE !
Y'A FAUTE, LÀ ! Y'A FAUTE !
WWOOOOOOOOOOOOOOOOOOOOOOOO
ARBITRE ENC
PFT
ET CH'UIS HOOLIGAN, AUSSI !
SUPER CONNARD, SUPER CONNARD AH OUI C'EST MOI OUI-I-I C'EST MOI !

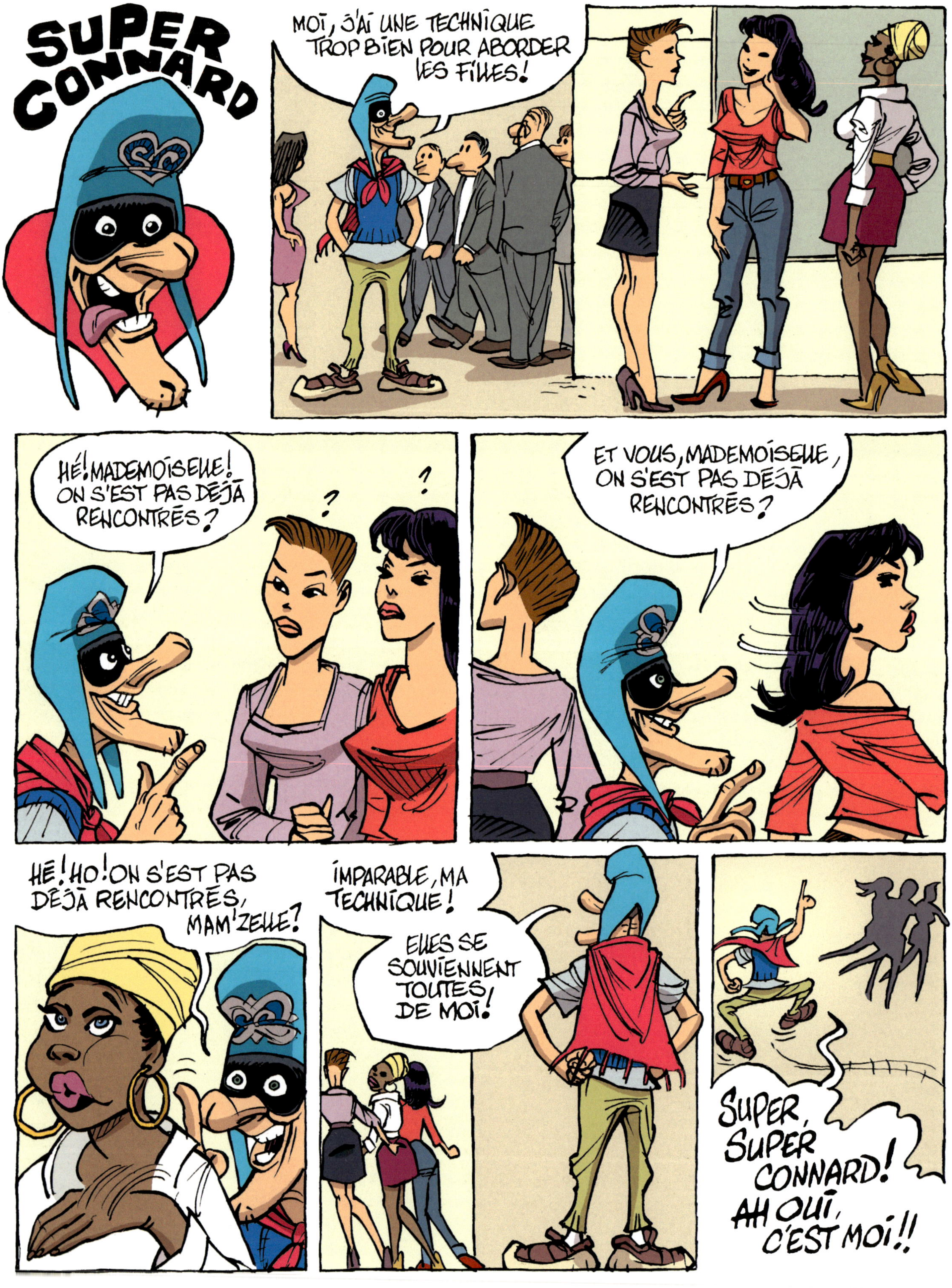
SUPER CONNARD
MOI, J'AI UNE TECHNIQUE TROP BIEN POUR ABORDER LES FILLES !
HÉ ! MADEMOISELLE ! ON S'EST PAS DÉJÀ RENCONTRÉS ?
?
?
ET VOUS, MADEMOISELLE, ON S'EST PAS DÉJÀ RENCONTRÉS ?
HÉ ! HO ! ON S'EST PAS DÉJÀ RENCONTRÉS, MAM'ZELLE ?
IMPARABLE, MA TECHNIQUE !
ELLES SE SOUVIENNENT TOUTES DE MOI !
SUPER, SUPER CONNARD ! AH OUI, C'EST MOI !!

SUPER CONNARD
GNEÉ
ÉÉÉÉÉÉ
C'EST MOI, LA NUIT, QUI PASSE AVEC MON SCOOTER !!!
50 CM3, AVEC LE POT QUI FAIT TROP DE BRUIT !
GNÉÉ
QUAND LE SCOOTER PÈTE, LA NUIT S'ARRÊTE !
GNÉÉÉ
COMMENT ON A ENVIE DE ME TUER !
ÉÉÉ
SUPER, SUPER CONNARD, AHOUI ! C'EST MOI !!
GNNÉÉÉÉÉÉÉÉÉÉÉÉÉÉÉÉÉÉÉÉÉÉÉÉÉÉÉ

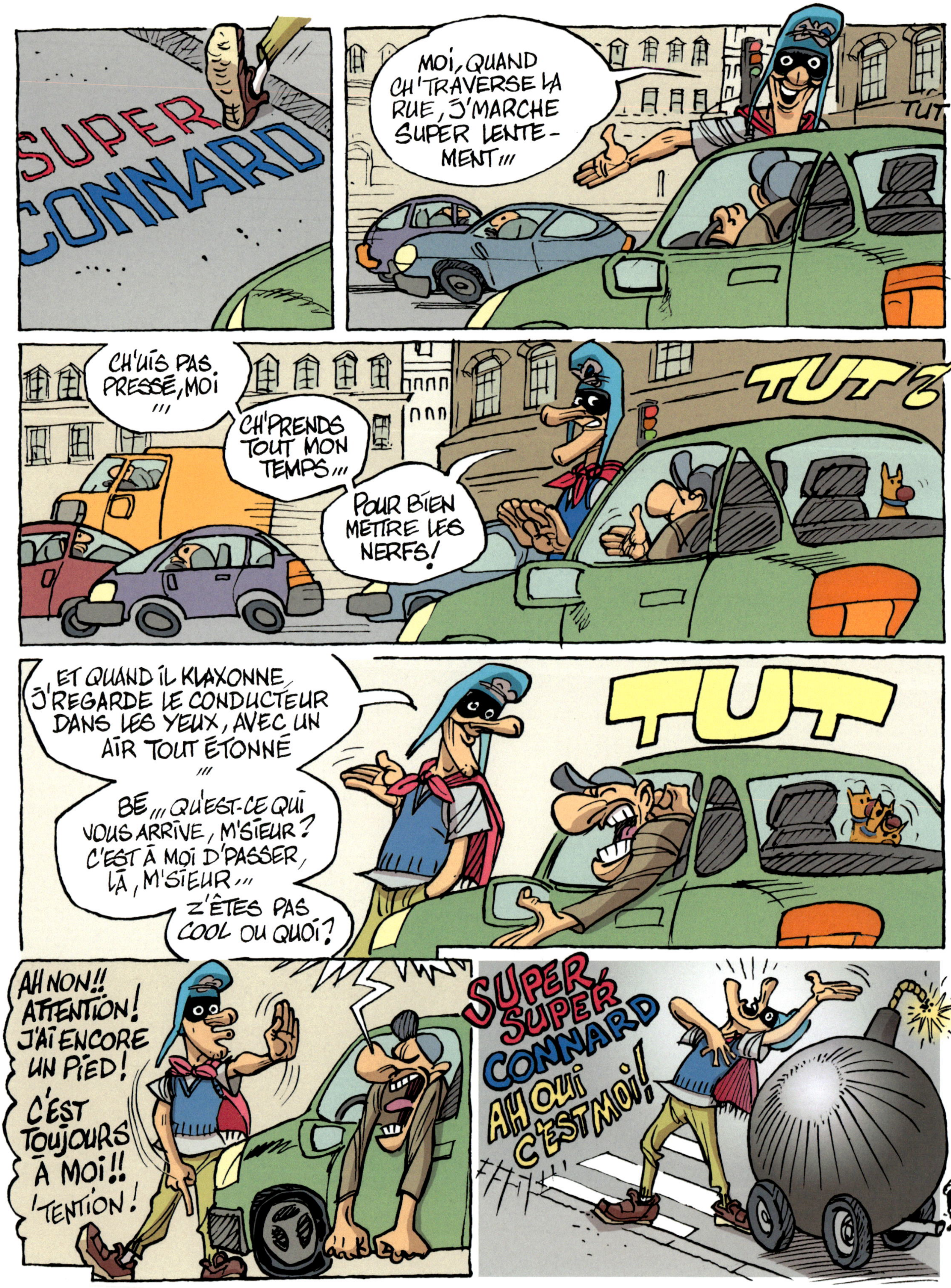

SUPER CONNARD
MOI, QUAND CH'TRAVERSE LA RUE, J'MARCHE SUPER LENTE-MENT...
TUT
CH'UIS PAS PRESSÉ, MOI ...
CH'PRENDS TOUT MON TEMPS...
POUR BIEN METTRE LES NERFS!
TUT?
ET QUAND IL KLAXONNE, J'REGARDE LE CONDUCTEUR DANS LES YEUX, AVEC UN AIR TOUT ÉTONNÉ ...
BE... QU'EST-CE QUI VOUS ARRIVE, M'SIEUR? C'EST À MOI D'PASSER, LÀ, M'SIEUR...
Z'ÊTES PAS COOL OU QUOI?
TUT
AH NON!! ATTENTION! J'AI ENCORE UN PIED!
C'EST TOUJOURS À MOI!!
'TENTION!
SUPER, SUPER CONNARD
AH OUI C'EST MOI!

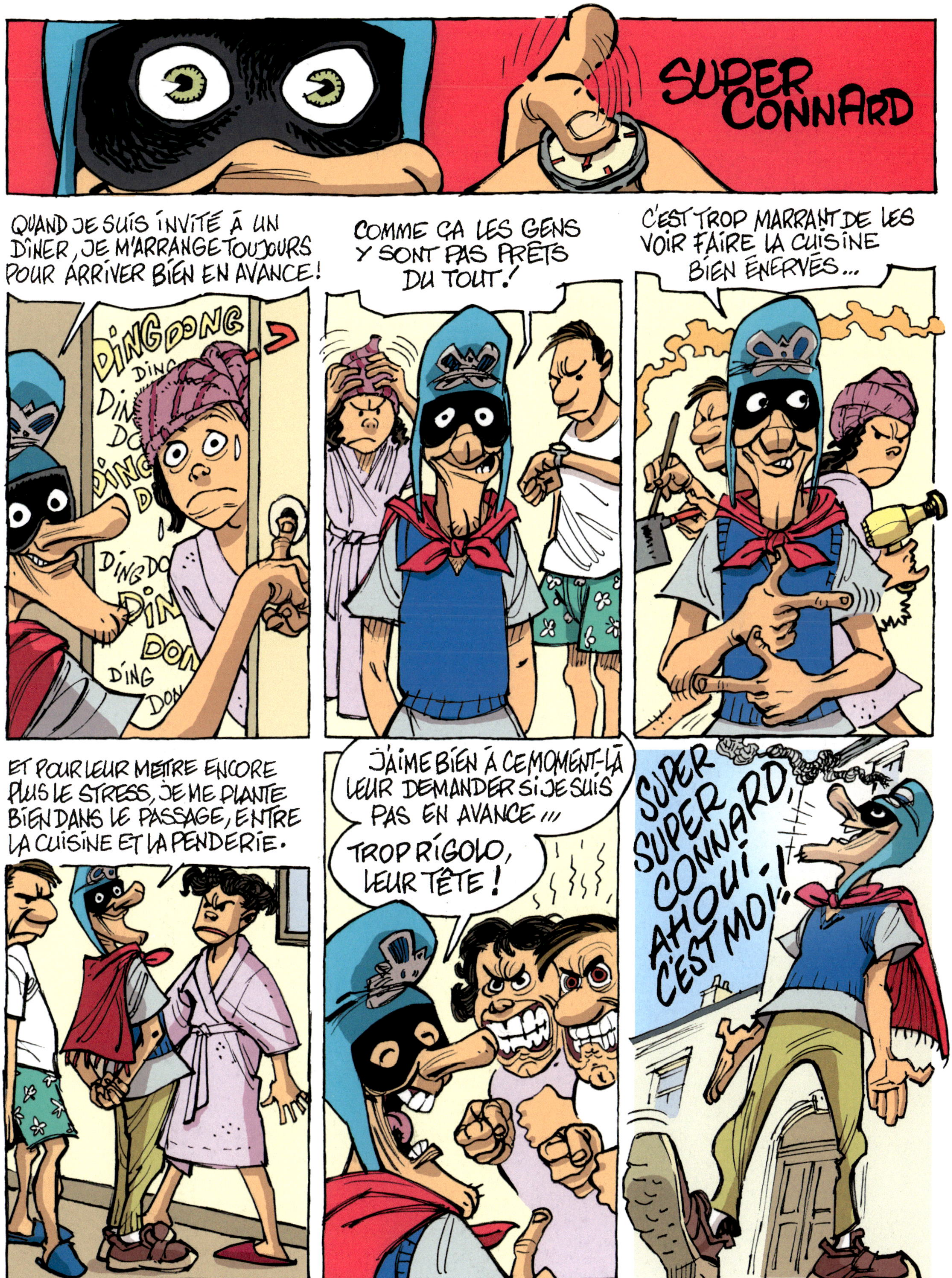

SUPER CONNARD
QUAND JE SUIS INVITÉ À UN DÎNER, JE M'ARRANGE TOUJOURS POUR ARRIVER BIEN EN AVANCE !
DING DONG DING DING DONG DING DONG DING DONG DING DONG
COMME ÇA LES GENS Y SONT PAS PRÊTS DU TOUT !
C'EST TROP MARRANT DE LES VOIR FAIRE LA CUISINE BIEN ÉNERVÉS...
ET POUR LEUR METTRE ENCORE PLUS LE STRESS, JE ME PLANTE BIEN DANS LE PASSAGE, ENTRE LA CUISINE ET LA PENDERIE.
J'AIME BIEN À CE MOMENT-LÀ LEUR DEMANDER SI JE SUIS PAS EN AVANCE...
TROP RIGOLO, LEUR TÊTE !
SUPER SUPER CONNARD, AHOUI, C'EST MOI !!

SPIROU
MES AMIS, Y Z'ARRÊTENT PAS DE ME RÉCLAMER LES CHOSES QU'Y M'ONT PRÊTÉES ! CH'COMPRENDS PAS !!
COMME JE RENDS JAMAIS CE QUE J'EMPRUNTE, CH'PEUX PAS LES RETROUVER, MOI, LEURS CHOSES !...
Y'EN A TROP !
BAS
Y SONT MESQUINS, DES FOIS, MES AMIS !...
SUPER CONNARD, SUPER CONNARD, OH YEAH ! C'EST MOI !

SUPER CONNARD
MOI, QUAND JE VAIS À LA PLAGE, J'AIME BIEN ÊTRE TRANQUILLE.
J'ARRIVE DE BONNE HEURE ET J'M'INSTALLE POUR LA JOURNÉE.
QUAND J'AI MARQUÉ MON TERRITOIRE, PLUS PERSONNE Y PEUT M'EMBÊTER...
HOULÀ! ATTENTION, MADAME! VOUS VOYEZ BIEN QUE C'EST OCCUPÉ, ICI!...
Y'A UNE SERVIETTE!
UN PEU DE RESPECT, TOUT DE MÊME!
SUPER, SUPER CONNARD, AH OUI, C'EST ...! MOOO!!!!

HI! HI! HI! HI! HI! HI! HI! HI!
C'QUE JE RIS !!
HO! HO! HO! HO! HO!
TROP RIGOLO !
QUAND CH'UIS DANS LE MONDE, J'ADORE RIRE TRÈS FORT POUR ME FAIRE REMARQUER.
HU! HU! HU! HU!
J'EN PEUX PLUS!
HÉ! HÉ! HÉ! HÉ! HÉ!
C'EST PAS VRAI !
MAIS C'EST BIZARRE, CH'UIS TOUJOURS LE SEUL À PASSER UNE BONNE SOIRÉE...
HA! HA! HA! HA! HA!
SUPER CONNARD, AH OUI, C'EST MOI !!

SUPER CONNAR
CHEZ MOI, J'AIME BIEN QUE LE JARDIN Y SOIT PROPRE. ALORS JE PASSE LA TONDEUSE.
MAIS J'ATTENDS TOUJOURS LE BON MOMENT ...
MA TONDEUSE, ELLE DÉMARRE AUX BRUITS D'FOURCHETTES !
C'EST QUAND LES VOISINS Y PASSENT À TABLE, TOUT BIEN TRANQUILLES, EN FAMILLE OU ENTRE AMIS !
PETABROW
PET-PETABRROW
ET COMME DEMAIN C'EST DIMANCHE, CH'POURRAI TRONÇONNER MON ARBRE À L'HEURE DE LA SIESTE ! ///
POUR BIEN POURRIR LEUR WEEK-END !
SUPER, SUPER CONNARD, AHOUI, C'EST MOI !
BROW !

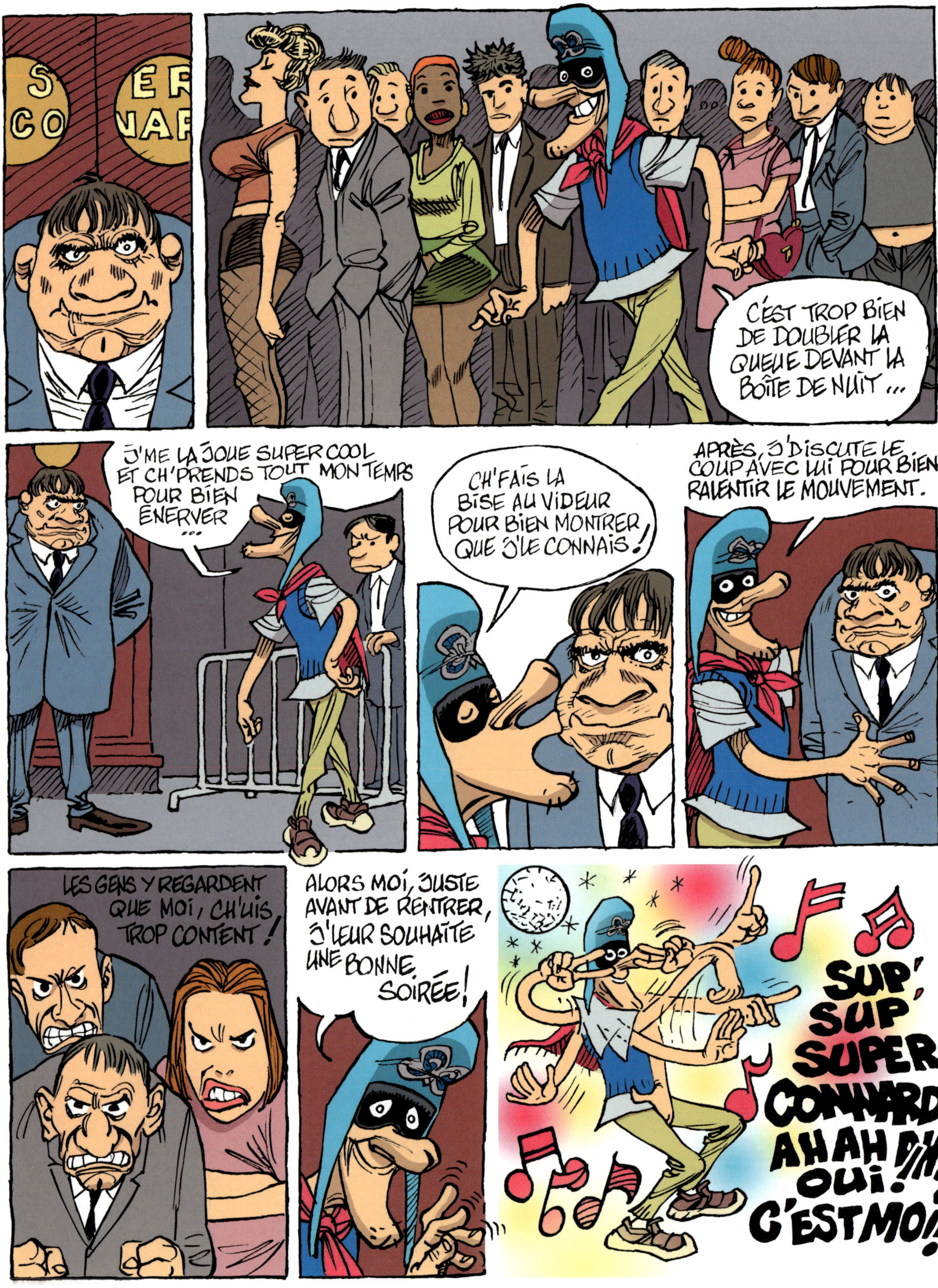
S ER
CO NAR
C'EST TROP BIEN DE DOUBLER LA QUEUE DEVANT LA BOÎTE DE NUIT ...
J'ME LA JOUE SUPER COOL ET CH'PRENDS TOUT MON TEMPS POUR BIEN ÉNERVER ...
CH'FAIS LA BISE AU VIDEUR POUR BIEN MONTRER QUE J'LE CONNAIS !
APRÈS, J'DISCUTE LE COUP AVEC LUI POUR BIEN RALENTIR LE MOUVEMENT.
LES GENS Y REGARDENT QUE MOI, CH'LUIS TROP CONTENT !
ALORS MOI, JUSTE AVANT DE RENTRER, J'LEUR SOUHAITE UNE BONNE SOIRÉE !
SUP' SUP' SUPER CONNARD AHAH OUH ! OUI ! C'EST MOI !!

SUPER
CONNARD
LE MATIN, QUAND VOUS DORMEZ ET QU'Y A UNE LIVRAISON, C'EST MOI QUI KLAXONNE !
AVEC UNE SEULE NOTE, CH'FAIS UN RÉCITAL QUI ARRACHE LES TYMPANS D'LEUR MÈRE !
MUT
MUT
TAYLAN LIVRAISON
PLUS C'EST FORT, PLUS J'ADORE !
MUT
MUT
ET ÇA EXASPÈRE TOUT LE MONDE !!
SUPER, SUPER CONNARD, AH OUI C'EST MOI
MUT

SUPER CONNARD
QUAND J'DISCUTE AVEC LES GENS, MOI J'DIS TOUJOURS "ENTRE GUILLEMETS" ,,,
ET PIS CH'FAIS TOUJOURS COMME ÇA AVEC LES DOIGTS : "ENTRE GUILLEMETS", CHDOING, CHDOING !!
J'AI PAS DE VOCABULAIRE, MOI ,,, CH'CONNAIS PAS LES ADVERBES ! ,,, ALORS J'DIS "ENTRE GUILLEMETS."
ÇA VA PLUS VITE ,,,
HÉ ! MADEMOISELLE ! VOUS VOULEZ SORTIR AVEC MOI ?
ENFIN ,,, "ENTRE GUILLEMETS" ,,,
SORTIE
«SUPE» «CONNARD» «AH!» «UI» «C'EST» «MO»
PIF ! PAF !

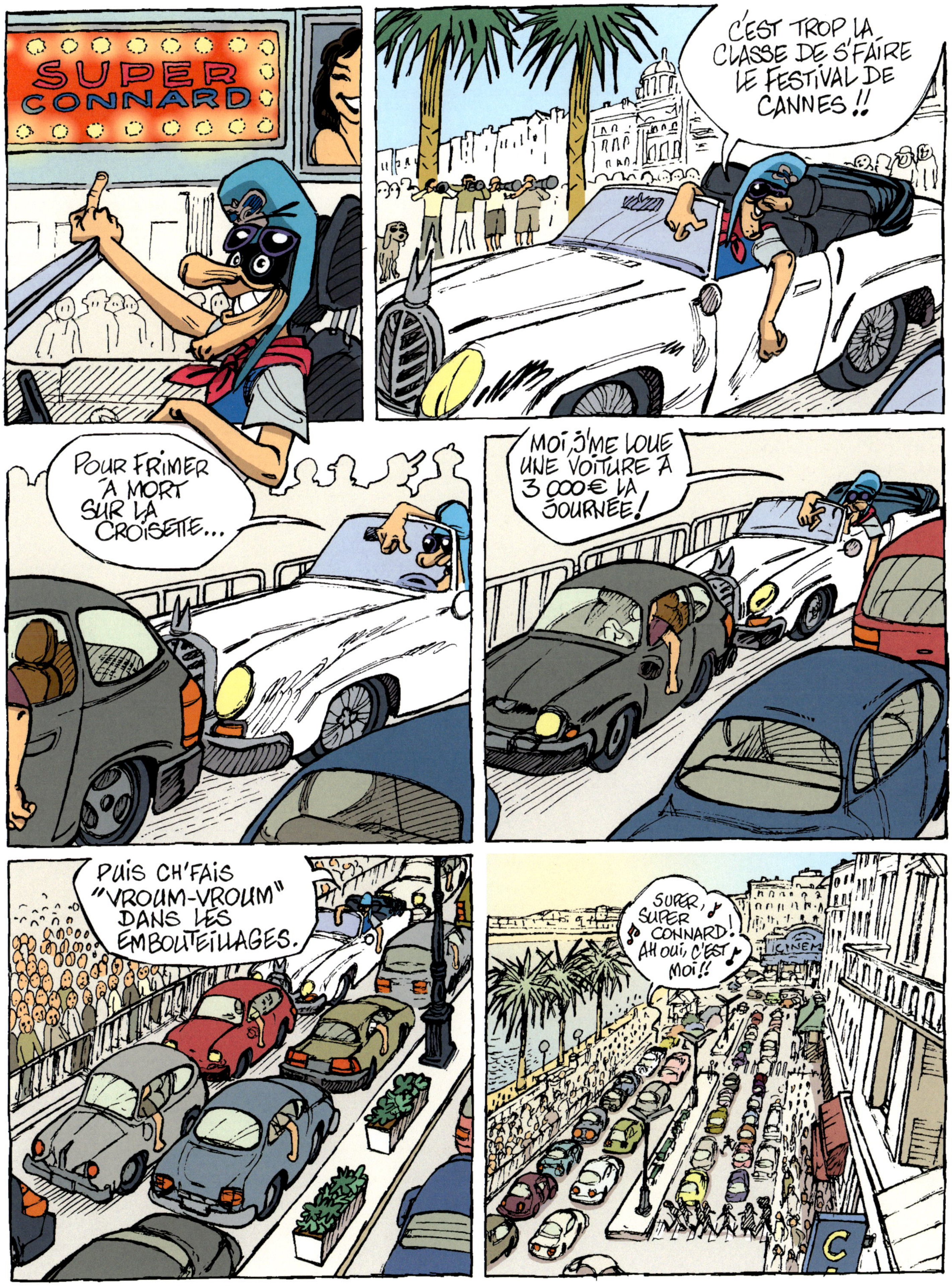
SUPER CONNARD
C'EST TROP LA CLASSE DE S'FAIRE LE FESTIVAL DE CANNES !!
POUR FRIMER À MORT SUR LA CROISETTE...
MOI, J'ME LOUE UNE VOITURE À 3 000€ LA JOURNÉE !
PUIS CH'FAIS "VROUM-VROUM" DANS LES EMBOUTEILLAGES.
SUPER, SUPER CONNARD ! AH OUI, C'EST MOI !!
CINEM

SUPER
CONNARD
À LA BOULANGERIE, J'PRÉPARE JAMAIS LA MONNAIE POUR PAYER, SURTOUT QUAND Y'A DU MONDE.
J'ATTENDS TOUJOURS QU'ON ME DONNE LE PAIN POUR SORTIR MON PORTE-MONNAIE.
À CE MOMENT-LÀ, J'DEMANDE À LA BOULANGÈRE SI ELLE VEUT L'APPOINT...
VOUS VOULEZ L'APPOINT?
ET J'METS TROIS PLOMBES À COMPTER MES PETITES PIÈCES ...
VOUS VOULEZ L'APPOINT?
J'AI L'APPOINT!
SUPER ♫ SUPER CONNARD! AH OUI, C'EST MOI!

SUPER CONNARD
MOI, QUAND J'ME DÉBARRASSE DE MON SAPIN APRÈS NOËL, J'LE METS MÊME PAS DANS UN SAC !
J'DESCENDS TOUS LES ÉTAGES EN FOUTANT DES ÉPINES PARTOUT !
ÇA FAIT UN TAPIS SUPER GLISSANT ET LES GENS Y SONT PAS CONTENTS !
PAS CONTENTS DU TOUT !
VERRE
SUPER, SUPER CONNAAARD AH OUI C'EST MOIIIII !

SUPER CONN
MOI, AUX HEURES DE POINTE...
MÊME SI LA FILE DEVANT MOI EST SUPER BOUCHÉE...
SI LE FEU PASSE AU VERT, J'AVANCE QUAND MÊME!
BEN, OUI! LE FEU IL EST VERT!
JE ME PLANTE BIEN AU BEAU MILIEU DU CARREFOUR...
ET J'BLOQUE TOUTE LA CIRCULATION!
LES GENS Y KLAXONNENT, MAIS ÇA SERT À RIEN...
TUT
TUT
TUT
TUT
J'AI PAS À BOUGER, MOI! ... C'TAIT VERT POUR MOI!
SUPER, SUPER CONNARD, AHOUI C'EST MOI!
TUT
TUT TUT
TUT
TUT

SUPER CONNARD
QUAND LES GENS ILS ONT DES PROBLÈMES ET QU'ILS SONT BIEN ÉNERVÉS ...
MOI JE LES AIDE EN LEUR DONNANT DES CONSEILS.
T'AS PERDU TON TRAVAIL ?
MAIS C'EST PAS GRAAAVE !
TA FEMME T'A QUITTÉ ?
BÔÔÔH... C'EST PAS GRAVE !
HOLÀLALALA ! MAIS C'EST PAS GRAAAVE, ÇA !
PAS GRAVE.
SUPER, SUPER CONNARD AH OUI C'EST MOI !

PENDANT LE TOUR DE FRANCE, J'AI UN PLAN D'ENFER POUR PASSER À LA TÉLÉ...
SUPER CONNARD
DANS LES ÉTAPES DE MONTAGNE, LE MEILLEUR COUREUR, C'EST MOI !
OUAIS
ALÉ !
JE COURS BIEN À CÔTÉ POUR ÊTRE FILMÉ EN GROS PLAN !
ET J'HÉSITE PAS À ENCOURAGER LES GARS !
PLAF !
MAIS C'EST PAS TOUS DES CHAMPIONS ...
C'EST PAS GRAVE !
QUAND Y'EN A PLUS, Y'EN A ENCORE !
ALLEZ LES GARS ! EN SELLE !
SUPER CONNARD ! SUPER CONNARD, AH OUI C'EST MOI !

3e Étage
-QUINCAILLERIE
-LINGERIE
-ÉPICERIE
-SUPER
CONNERIE
DANS LES MAGASINS, LES ESCALIERS ROULANTS, C'EST LE TOP !!
QUAND J'ARRIVE EN HAUT, J'M'ARRÊTE LÀ OÙ CH'UIS.
J'BOUGE PAS D'UN POIL, MOI...
J'RESTE BIEN PLANTÉ AVEC MES SACS...
C'EST TROP LA PANIQUE POUR CEUX QUI ARRIVENT DERRIÈRE MOI...
Y DOIVENT M'ÉVITER...
SUSPENSE...
ATTENTION, MONSIEUR ! VOUS MARCHEZ SUR UNE DAME...
SUPER, SUPER CONNARD, AH, OUI, C'EST MOI !!

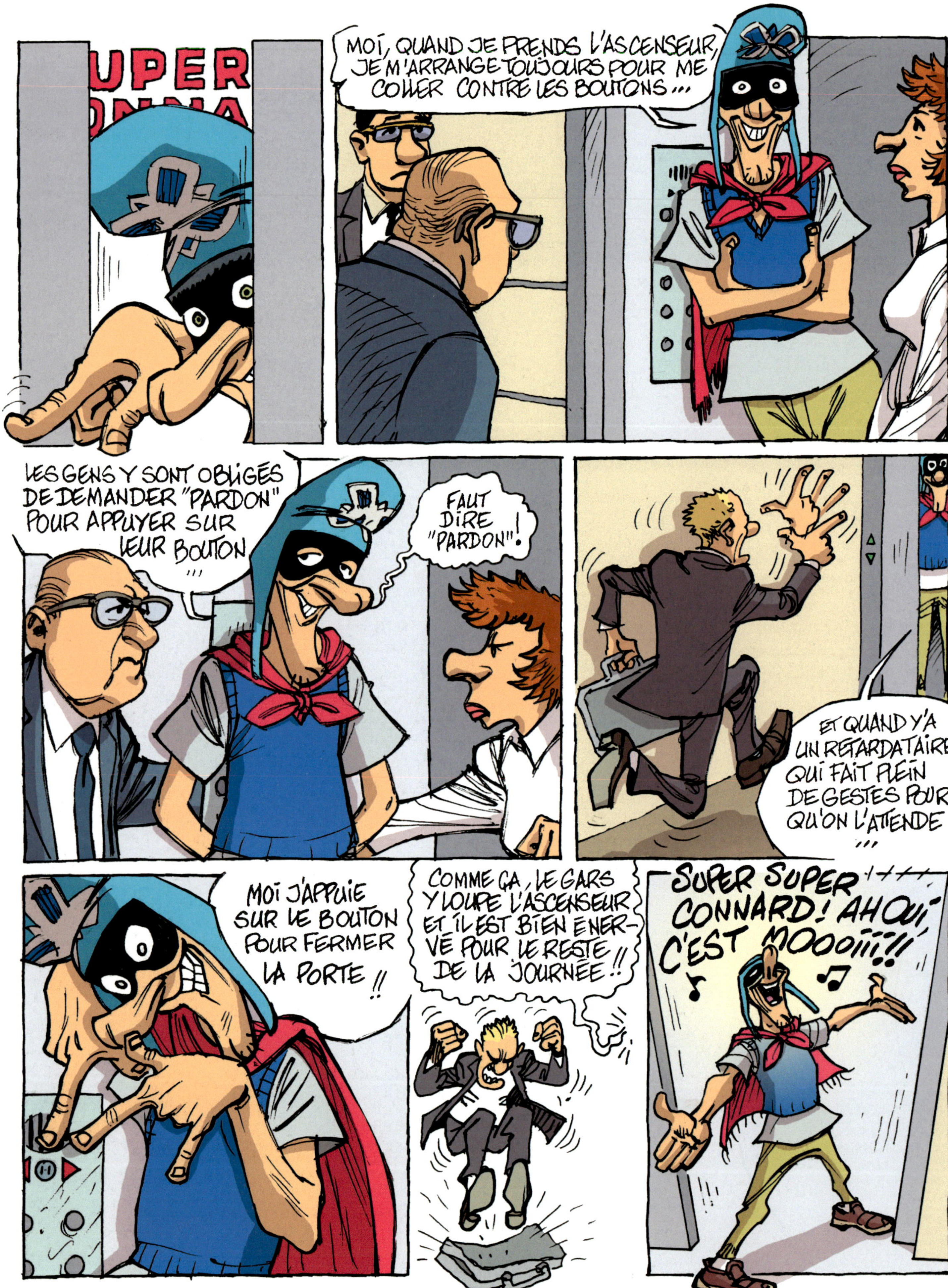
UPER
ONNA
MOI, QUAND JE PRENDS L'ASCENSEUR, JE M'ARRANGE TOUJOURS POUR ME COLLER CONTRE LES BOUTONS ...
LES GENS Y SONT OBLIGÉS DE DEMANDER "PARDON" POUR APPUYER SUR LEUR BOUTON ...
FAUT DIRE "PARDON" !
ET QUAND Y'A UN RETARDATAIRE QUI FAIT PLEIN DE GESTES POUR QU'ON L'ATTENDE ...
MOI J'APPUIE SUR LE BOUTON POUR FERMER LA PORTE !!
COMME ÇA, LE GARS Y LOUPE L'ASCENSEUR ET IL EST BIEN ÉNERVÉ POUR LE RESTE DE LA JOURNÉE !!
SUPER SUPER CONNARD ! AH OUI C'EST MOOOIIII !!

CéKeDuBonheur

association Loi 1901

Fondée au début de l'année 2004, la jeune et dynamique association CéKeDuBonheur déploie toute son énergie afin d'améliorer la qualité de vie des enfants et adolescents hospitalisés. CéKeDuBonheur aide au maintien du lien social et contribue, en partenariat avec les éducateurs, à la lutte contre l'isolement lié au contexte difficile de l'hospitalisation.
Les bénévoles de CKDB travaillent en collaboration avec l'hôpital Robert-Debré à Paris — un des plus grands centres pédiatriques d'Europe —, et plus particulièrement au sein de la Maison de l'adolescent ainsi qu'à l'hôpital du Kremlin-Bicêtre dans la Maison de l'enfant. CéKeDuBonheur intervient également dans un grand nombre de centres hospitaliers pédiatriques de France.

Parmi les actions menées tout au long de l'année :

- Rencontres impromptues avec artistes et sportifs
- Des ateliers d'initiations et des services aux chevets
- Des fêtes d'anniversaire et des services aux chevets
- Fête de la Musique
- Grande fête de Noël
- Concerts et événements sportifs

Omar et Fred reversent l'intégralité de leurs droits d'auteur pour cet album à l'association.